CONSIDÉRATIONS

SUR

LES ELECTIONS DE 1817,

ADRESSÉES

A MESSIEURS LES ÉLECTEURS

DU DÉPARTEMENT DE LA SEINE.

C'est en rétablissant l'ordre au profit de tous, et
non en prolongeant le désordre au profit de quel-
ques-uns, qu'on fait disparaître les traces des
révolutions.

PARIS,

CHEZ TOUS LES MARCHANDS DE NOUVEAUTÉS.

1817.

CONSIDÉRATIONS

SUR LES ÉLECTIONS DE 1817,

ADRESSÉES

A MESSIEURS LES ÉLECTEURS

DU DÉPARTEMENT DE LA SEINE.

L E Roi, en octroyant la Charte, a voulu terminer par l'établissement solide d'une vraie liberté, les luttes incertaines d'une liberté chimérique qui n'avait produit et pu produire que l'anarchie ou le despotisme. Son amour éclairé pour ses peuples lui a inspiré ces pensées grandes et modérées qui peuvent seules, après de grands désordres, anéantir les factions, donner une direction à l'ardeur passionnée qui leur survit, et la tourner vers le bien public. Enfin il a voulu, dans sa bonté, que la chambre destinée plus spécialement à défendre les intérêts généraux de la société, fût investie de toute l'influence possible, tant sur la levée des tributs que sur leur emploi, afin que son peuple ne fût plus, comme par le passé, la

proie des spéculateurs et des financiers révolutionnaires ; et que le budget, se trouvant dans
les temps ordinaires le principal objet des discussions, les vues d'une sage économie, l'utile
et honorable emploi des deniers publics, les
plans d'améliorations locales, fussent substitués
dans la tribune à ces théories fantastiques, à la
suite desquelles cette nation dérobée si long-
temps à l'autorité sage et paternelle de son Roi,
s'est trouvée plus foulée, à mesure qu'elle s'est
crue plus éclairée, plus puissante et plus libre.

C'est donc entrer dans les intentions du Roi,
que de publier, à l'époque des élections, quelques idées sur l'espèce de représentation qui
peut seule assurer la durée des bienfaits de la
Charte. Le prince a fait tout ce qui était en son
pouvoir : il a tracé d'une main ferme et pru-
dente le plan général qu'il fallait suivre ; mais
l'exécution dépend du choix des hommes que
les électeurs appèleront à y concourir. Ce n'est
sûrement pas avec des éléments révolutionnaires
qu'on termine une révolution : les ressorts des-
tinés à faire mouvoir un gouvernement repré-
sentatif, se briseront s'ils ne sont pas d'accord
avec l'esprit qui l'a fondé : en politique la
discordance des hommes avec les choses mène à
l'anarchie et à la dissolution ; et le problème des
bienfaits que nous promet la Charte, se réduit à
ce peu de mots, *fin de la révolution, soulagement des peuples.*

Pour parvenir à ce résultat, faut-il suivre ou
ne pas suivre la marche qui a été adoptée, soit
pour les assemblées orageuses qui ont précédé
le consulat, soit pour l'assemblée muette qui

sacrifiait la France entière au délire d'un seul homme ? Les bienfaits promis par la Charte s'évanouiront, si l'on ne parvient pas à éviter ce double écueil.

Les révolutionnaires s'agitent beaucoup depuis quelques mois. En même temps que, sous les noms les plus obscurs, des conspirations se forment, des révoltes éclatent ; on voit reparaître, comme les signes précurseurs des tempêtes politiques, des noms jadis fameux à des époques funestes, souillés de nouveau pendant les cent jours, et présentés comme devant fixer le choix des électeurs. Les pamphlets se multiplient ; on reproduit, sous le règne du Roi, les opinions irréligieuses et anarchiques que nos malheurs nous avaient appris à détester, et contre lesquelles notre situation actuelle ne nous met pas assez en garde. Le silence qu'on affecte sur ces scandales serait inexplicable, si l'on ne supposait qu'il provient du mépris. Mais la Charte qui fait un devoir aux citoyens de s'occuper des affaires publiques, et qui, en accordant une grande liberté dans les discours et dans les écrits, leur défend de laisser le champ libre aux factieux, périrait bientôt, si le dédain des honnêtes gens les empêchait de combattre les opinions dangereuses ; et si, se confiant trop à la bonté de leur cause, ils abandonnaient le ressort le plus puissant de l'opinion à des adversaires qui ne paraissent forts que parce qu'ils parlent seuls.

Au reste, les discours de ces publicistes révolutionnaires ne sont que des lieux communs rebattus depuis plus de vingt-cinq ans. « Il faut, » disent-ils, que la révolution ait son cours :

» donner à l'état une assiette tranquille , c'est la
» faire rétrograder ; rétablir la religion , c'est
» favoriser le retour de la superstition et du fa-
» natisme ; honorer une noblesse conservée par
» le Roi, établie par la Charte, c'est ramener la
» féodalité , faire revivre des droits anéantis
» depuis plusieurs siècles, et vouloir convertir
» en serfs tous les habitants des campagnes.
» Enfin , refuser une admiration stupide à des
» philosophes qui, du propre aveu de ceux
» d'entr'eux qui ont eu le malheur de voir la
» révolution, furent les principales causes de
» nos maux (1), leur préférer en politique , en
» morale et en littérature , les écrivains qui ont
» fait la gloire du règne de Louis XIV , c'est
» étouffer les lumières, arrêter le mouvement
» du siècle, retarder la marche de l'esprit hu-
» main vers la perfectibilité, et nous faire des-
» cendre à l'ignorance du moyen âge. »

Mais que veulent donc ces grands publicistes ?
où prétendent-ils nous conduire ? ont-ils quelque
chose de nouveau à nous présenter en fait de désordre et de malheur ? Puissants pour niveler et
pour détruire, n'ont-ils pas toujours été inhabiles à
fonder et à conserver ? les vrais intérêts du peuple sont-ils jamais entrés dans leurs spéculations ? Ce peuple égaré un moment par eux, se
croyant souverain, parce que des monstres ré-
gnaient en son nom ; se croyant libre, parce que
la licence des mœurs était encouragée par leurs
lois , n'a-t-il pas payé bien cher ces jouissances

____

(1) Raynal, La Harpe , Marmontel, Gibbon.

empoisonnées ? A-t-il jamais été plus vexé, plus tourmenté , plus accablé d'impôts et de taxes arbitraires , que lorsqu'il était gouverné par ceux qui se disaient et se disent encore ses amis ?

Cette réunion incohérente d'opinions philoso- phiques et révolutionnaires ne mérite pas même le nom de doctrine. Ainsi qu'on avait vu les philosophes du dix-huitième siècle se diviser, se déchirer, se prodiguer réciproquement les injures les plus violentes , de même on a vu , durant les triomphes des révolutionnaires , ces hommes d'abord unis pour entreprendre le mal , ne ja- mais s'accorder sur les moyens de le consommer. On les a vus se proscrire , se décimer , se bai- gner dans le sang les uns des autres ; et , chose extraordinaire , mais inévitable , devenir réelle- ment plus faibles , à mesure qu'ils étaient en apparence plus puissants.

D'où venait ce résultat dont leur délire les empêchait de pénétrer la cause ? Il venait de cette Providence, source de toute vérité, qui ne permet pas que des erreurs , évidemment contraires à la destination et aux devoirs de l'homme , s'établissent jamais solidement sur la terre , et qui se plaît à confondre au milieu de leurs victoires, ces esprits superbes qui , dans leur vaine science, se croient appelés à régéné- rer les sociétés. En effet, dans les opinions des révolutionnaires et des philosophes , dans leur manière de les appliquer, a-t-on jamais pu re- marquer des principes fixes , une marche assu- rée, un but certain ? On les a vus au contraire se précipiter d'égarements en égarements, d'excès en excès , de crimes en crimes. Le point où ils devaient s'arrêter , s'est constamment dérobé à leurs recherches : Ils ont péri au moment où ils se flattaient de l'atteindre , et frappés d'un esprit de vertige , digne résultat de l'incohérence de leurs idées , ils se sont trouvés tout-à-coup jetés dans des routes entièrement opposées à celles qu'ils croyaient suivre. Les systèmes contraires à la religion , à la société , à la morale , loin d'être une doctrine , ne sont donc qu'un amas d'erreurs qui n'ont entr'elles aucune liaison , qui ne peuvent se prêter un mutuel appui , qui prènent un caractère plus discordant à mesure qu'elles se répandent , qui menent inévitablement à l'anarchie , parce qu'elles sont fondées sur des principes aussi faux que contradictoires , et qui, dans leur application , devièrent presque toujours aussi funestes aux insensés qui les propagent , qu'aux peuples sur lesquels ils osent en faire l'essai.

Il semblerait que ces hommes ne demandent qu'à recommencer la révolution. Par leurs discours par leurs écrits, par leurs menées, ils annoncent le retour de ces périodes aussi désastreuses que variées , sans apercevoir , aveugles qu'ils sont , combien les époques sont différentes. Ils ne voyent pas qu'en 1789, la situation de la France ne ressemblait pas à celle où elle se trouve aujourd'hui ; que les maximes de la révolution ont perdu , par leur sanglante pratique, presque toute leur séduction ; et que les reproduire , c'est éveiller l'attention des cabinets , exciter leur défiance , et appeler de nouveaux désastres sur notre patrie.

Il est donc évident que l'admission des révolutionnaires dans la chambre des députés, tendrait non - seulement à ramener au sein de la France tous les fléaux de l'anarchie et de la guerre civile, mais encore à rappeler l'étranger parmi nous, et à consommer entièrement notre ruine par les extorsions de toute espèce, si familières à ces hommes pour qui les troubles civils ne sont que des objets de spéculation, et dont les systèmes financiers, comme nous l'avons vu tant de fois, en accablant toutes les classes, ne profitent jamais qu'au petit nombre de ceux qui soumettent à un froid calcul le délire et les malheurs des révolutions.

» Mais, dira-t-on, la plupart des révolution-
» naires sont corrigés. Ceux qui ont acquis des
» richesses ne demandent plus qu'à en jouir pai-
» siblement; les autres sont tombés dans l'ab-
» jection et dans l'oubli : ils ne doivent donc
» plus inspirer aucune crainte. »

Sans doute, l'immense majorité des hommes qui ont aimé la révolution, sans en prévoir les conséquences, qui l'ont servie par cet entraînement que produit l'amour des nouveautés, et qui n'ont montré, dans leurs actions, ni cette constante perversité de principes, ni cette cruauté réfléchie, ni cette dévorante avidité qui s'enrichit du sang et des sueurs du peuple; ceux-là peuvent être considérés comme sincèrement revenus de leurs erreurs. Mais rentrés volontairement dans l'obscurité, ils ne cherchent plus à se produire, le rôle qu'ils ont pu jouer dans les scènes de la révolution les a dégoûtés des fonctions publiques; et, ce qui montre la sincérité de leur conversion, leurs fautes les ont rendus modestes.

Il n'en est pas ainsi de ceux qu'une hypocrite circonspection a maintenus dans les places élevées, et dans les assemblées représentatives, sous les régimes les plus opposés. Républicains avec la Convention et le Directoire, courtisans sous Buonaparte, véritables caméléons politiques, ils ne sont pas plus attachés au gouvernement qui les paye, qu'au peuple dont ils se prétendent les perpétuels représentants. Aux premiers symptômes d'une révolution prochaine, on voit ces hommes en apparence si dévoués, se ranger sans pudeur du côté qui leur paraît devoir être le plus fort : les intérêts du peuple sont le voile dont ils couvrent leur ambition et leur perfidie. Ce fut ainsi que des hommes qui se disaient républicains se courbèrent devant Buonaparte, un moment après avoir renouvelé leur serment à une constitution qui le proscrivait ; ce fut ainsi qu'unis au Sénat, ils le déposèrent, après lui avoir prodigué, pendant douze ans, l'or et le sang des peuples ; et ce fut encore ainsi que la chambre de 1814, loin de venir au secours du monarque légitime, se contenta, au mois de mars 1815, de lui présenter tardivement une adresse froide, où elle profitait des revers dont il était frappé, pour lui imposer la loi de n'appeler désormais aux fonctions publiques que les hommes de la révolution.

Leur profonde indifférence pour le gouvernement qui les emploie, ne le cède qu'à leur mépris pour le peuple dont ils veulent que les intérêts ne soient remis qu'à eux seuls. Ce mépris, chez aucune nation moderne où l'autorité royale est balancée par des corps intermédiaires, s'est-il jamais montré d'une manière plus prononcée que dans le corps législatif de Buonaparte ? N'est-ce pas là qu'on a vu ceux qui se disaient les représentants du peuple, remercier le tyran des malheurs publics ? Aucune opposition, aucune réclamation même partielle, s'est-elle jamais élevée contre ce génie fiscal qui tendait sans cesse à augmenter les tributs, et à rendre celui qui gouvernait le seul propriétaire et le seul commerçant de son empire ?

Quelle était à Paris l'occupation la plus ordinaire d'un grand nombre de ces législateurs salariés, de ces hommes dont les services appartenaient toujours au gouvernement de fait ? Les bureaux des ministres, les cabinets des conseillers d'état étaient sans cesse assiégés par eux : ils ne songeaient qu'à se procurer de nouvelles places, et à faire avancer leurs parents et leurs amis. Ils se trouvaient en quelque sorte, par leur position, les agents de toutes les intrigues de leur pays, et les chargés d'affaires de tout homme dont ils pouvaient redouter le crédit. Organes de la coterie ambitieuse du département qu'ils représentaient, ils ne sortaient jamais de ce cercle étroit ; et loin de défendre les intérêts des peuples, ils se rangeaient toujours du côté de leurs oppresseurs. Revenus dans leurs provinces, ils se montraient hautement les partisans des mesures arbitraires, et des exactions. La conscription, les levées extraordinaires, les dons prétendus volontaires, dont ils ne trouvaient les moyens de diminuer le poids que pour eux seuls , n'avaient pas de plus zélés apologistes. Leurs relations avec un gouvernément , qui savait payer magnifiquement leurs complaisances , les faisaient redouter : les plaintes des particuliers , les accents de la misère publique ne parvenaient pas jusqu'à eux ; et ces singuliers représentants , dont la tyrannie avait droit d'exiger, à prix d'or , une approbation silencieuse pour toute espèce de vexation , devenaient l'effroi des opprimés , au lieu d'en être les soutiens et les protecteurs.

Qui croirait que les anciens ministres de Bonaparte , ces hommes qui , dans l'apathie du corps législatif et du sénat , avaient seuls une activité si funeste à l'Europe et à la France , prétendent encore aujourd'hui à représenter un peuple qu'ils ont si long temps opprimé ? Qui croirait que les principaux agents de sa police , dont l'action terrible était si différente des moyens doux et paternels qu'un gouvernement légitime doit employer pour prévenir les troubles , qui croirait, dis-je, que ces fléaux de l'humanité aspirent à reparaître parmi les députés d'une nation affranchie , professant en apparence les idées les plus libérales , et se présentent hardiment pour défendre la liberté individuelle qu'ils ont si souvent et si cruellement violée.

Quis tulerit Gracchos de seditione querentes?

Sans doute il y a des exceptions honorables pour l'humanité : de même que la cour des tyrans de Rome a offert , de temps à autre , des hommes dont la vertu devenait plus éclatante par l'avilissement général, ainsi le ministère même de Bonaparte a présenté dans une partie qui n'avait aucun rapport avec la politique, quelques exemples de ces nobles sentiments qui n'ont besoin que d'une occasion pour se développer ; et toute la France sait que c'est à ce patriotisme élevé, à ce dévoûment sans borne pour le Roi, qu'elle doit la formation, en quelque sorte miraculeuse, d'une armée qui a déjà donné tant de preuves de sa fidélité. Mais ces exemples ont dû être et ont été infiniment rares ; et ce n'est sûrement pas à la police qu'on a pu se flatter de les trouver.

Tous ces faits sont exactement vrais ; personne ne les ignore, la France entière en a été témoin, et la peinture en est même adoucie par la résolution qu'on a prise de ne faire aucune allusion particulière. Que serait-ce si l'on voulait les appuyer de citations, et tirer du Moniteur les preuves accablantes de tout ce qu'on vient d'avancer ?

Il est évident que si ces hommes parviennent à former la majorité de la chambre, il n'y aura nulle garantie réelle pour le gouvernement légitime ; qu'ils l'abandonneront à la moindre apparence de danger ; que loin d'éteindre l'esprit révolutionnaire, ils le maintiendront et le propageront, pour s'en faire une ressource dans les circonstances ; que conservant pour le peuple le même mépris, ils ne chercheront jamais les moyens de le soulager ; que les économies seront toujours contraires à leurs intérêts ; qu'enfin ils favoriseront les systèmes désastreux, les spéculations financières qui ne tendent qu'à multiplier les

places, et à enrichir rapidement quelques hommes en ruinant la nation.

Ainsi l'on n'obtiendra ni l'exécution des vues
bienfaisantes du Roi, ni les avantages promis
par la Charte. On ne pourra compter, ni sur la
fin de la révolution, ni sur le soulagement si
pressant des peuples.

Ce ne sera donc point parmi ces hommes,
dont les intérêts isolés sont étrangers à l'intérêt
public, que nous choisirons des députés. Pourraient-ils terminer la révolution, eux qui n'existent que par elle? Pourraient-ils soulager le peuple, eux qui l'ont constamment opprimé, et qui
n'ont dû leur prospérité qu'à sa misère? Il ne
faut chercher nos députés dans aucune faction :
Il ne faut pas que leurs noms soient le point de
ralliement d'un parti : il faut les trouver dans la
majorité de la Nation qui, après tant de désordres, et positivement parce que c'est elle qui en
a le plus souffert sans en tirer aucun profit, est
plus que jamais attachée aux principes conserva-
teurs des sociétés ; il faut les trouver parmi ces
hommes qui, au milieu de l'anarchie, ont gardé
leur vertu, et leur indépendance sous la tyrannie : hommes plus nombreux qu'on ne pense,
qui existent dans toutes les classes, et qu'on doit
tirer de l'obscurité volontaire où ils ont vécu,
afin d'honorer la France au dehors, et de la sau-
ver au dedans : le bon sens et un zèle pur doivent
être leurs qualités prédominantes. Ces hommes
porteront dans les discussions publiques, un patriotisme dont le nom fut également profané,
soit dans les écarts des assemblées tumultueuses
de la république, soit dans le dévoûment inté-

ressé, et par conséquent si fragile, des corps silencieux de l'empire.

Ce patriotisme consistera, non dans cet amour des nouveautés, dans ce fanatisme irréligieux, dans ce fol enthousiasme pour les théories désastreuses qui ont causé nos premiers malheurs. Il ne consistera pas non plus dans cette soumission aveugle et servile, dans cette indifférence pour le bien et pour le mal, dans cette fièvre d'ambition et de cupidité qui, sous Buonaparte, avaient tout-à-coup succédé à l'effervescence des passions anarchiques. Il se composera de ces vertus publiques qui peuvent seules assurer la durée de la Charte. Entièrement dirigé vers la conservation de la monarchie légitime, il en connaîtra les véritables principes. Il se trouvera placé dans cette heureuse indépendance qui est inaccessible à toutes les espèces de séductions. Il mettra au premier rang de ses devoirs d'affermir les lois fondamentales que le Roi nous a données, de faire jouir la France de leurs bienfaits, et de concourir à leur complément. Ecartant les idées révolutionnaires qui semblent se ranimer aujourd'hui pour nous plonger dans de nouveaux troubles, il tendra constamment à la réunion des Français dont l'immense majorité ne demande que le repos, et la liberté de jouir sans alarme de sa propriété et de son industrie. Il éteindra, lorsqu'il en est encore temps, tous les brandons de discorde, et ses efforts auront pour unique objet de terminer la révolution. Convaincu que, c'est servir le Roi et répondre au vœu de son cœur paternel, que de défendre les intérêts des peuples, il portera sur les impôts

des regards sévères ; ne les votera que si la né-
cessité en est démontrée ; veillera à ce que leur
levée ne soit pas plus ruineuse que les impôts
mêmes ; s'opposera à l'adoption de ces spéculations financières, dont les promesses spécieuses
peuvent éblouir un ministère placé trop haut pour
voir les détails, mais ne peuvent abuser des particuliers de toutes les provinces que leur position met à portée de les connaître ; préviendra
ainsi les crises politiques qui, dans les temps
modernes, naissent presque toujours des embar-
ras du trésor ; saura concilier la splendeur qui
doit environner le trône avec les ménagements
que réclame un peuple épuisé ; et réalisera pour
le bonheur de notre patrie cette belle pensée
d'un de nos plus grands publicistes : *C'est en
rétablissant l'ordre au profit de tous, et non en
prolongeant le désordre au profit de quelques-
uns, qu'on fait disparaître les traces des révolutions.*

Après tant de maux, le nom de patrie ne reten-
tit véritablement dans le cœur de la majorité des
Français que depuis le rétablissement du trône
de saint Louis. Cette patrie si long-temps mécon-
nue, si long-temps déchirée, et dont la conservation est un des miracles les plus éclatants de
la Providence, élève la voix dans le moment où
les hommes qui auront tant d'influence sur son
sort futur, vont être désignés par les collèges
électoraux.

« Au nom de ce que vous avez de plus cher,
» crie-t-elle aux électeurs, dans cette circons-
» tance peut-être la plus importante de votre
» vie, pensez, je vous en conjure, à vos véri-

» tables intérêts. Résistez aux séductions, aux
» insinuations perfides, aux promesses trom-
» peuses dont vous allez être obsédés : le mo-
» ment est décisif. Propriétaires, agriculteurs,
» commerçants, qui ne pouvez trouver le bon-
» heur que dans la tranquillité publique, ne
» choisissez que des hommes qui vous seront
» connus pour vouloir sincèrement la fin de la
» révolution, et pour avoir la résolution ferme
» de diminuer graduellement le poids des taxes
» dont le malheur des temps exige encore que
» vous soyiez chargés.

« Voulez-vous rentrer dans le cercle sanglant
» de vos calamités passées? Voulez-vous voir
» relever les échafauds, rouvrir les prisons,
» rétablir les réquisitions, les emprunts forcés,
» les confiscations? Voulez-vous que vos enfants
» vous soient de nouveau arrachés pour périr
» dans des guerres injustes? Voulez-vous que la
» propriété et le commerce soient de nouveau
» anéantis? Voulez-vous la ruine entière de
» votre patrie? Nommez des révolutionnaires et
» des *représentants des cent jours.*

» Voulez-vous que le trône dont le rétablisse-
» ment vous a remplis d'une si douce joie, soit
» entouré d'intrigants et d'égoïstes, ne songeant
» qu'à leur avancement et à leur fortune, aussi
» indifférents pour le gouvernement qui les em-
» ploie, que portés à vous mépriser et à s'enri-
» chir de votre détresse? Voulez-vous qu'au
» premier signal du danger, le palais de votre
» Roi soit désert, et que sa confiance soit trahie?
» Nommez ces hommes qui ne connaissent que
» le gouvernement de fait, s'accommodent de

» tous les régimes, et spéculent sur toutes les
» révolutions. »

» Voulez-vous au contraire vivre heureux à
» l'ombre protectrice de la Charte, conserver
» votre Roi, voir chaque année vos malheurs
» diminuer, acquérir, par l'affermissement de
» l'autorité légitime, la certitude de pouvoir
» élever paisiblement vos enfants, et de leur
» transmettre sûrement vos propriétés ? Voulez-
» vous enfin que la révolution soit tout-à-fait ter-
» minée, et que vos intérêts soient loyalement
» défendus ? Écoutez la voix de votre patrie, ne
» nommez que des hommes dignes de votre con-
» fiance par leur vertu, leur indépendance, leur
» éloignement pour toute espèce de faction, et
» leur dévoûment désintéréssé au prince qui a
» tant de droits à votre amour. »

Parmi les listes de candidats qui circulent,
celle qui suit a paru réunir, au plus haut dégré,
les conditions qu'exigent, non-seulement notre
situation actuelle, mais nos intérêts futurs, et
l'esprit de la Charte. On remarquera qu'elle se
compose des hommes les plus appelés par leur
position à défendre les intérêts de la ville de
Paris.

MM.,

Olivier, banquier et régent de la banque de
France.

Quatremère de Quincy, membre du con-
seil général du département, et de l'académie
des belles lettres.

Pardessus, avocat, professeur du Code de commerce à l'école de droit.

Le Brun, maire du quatrième arrondissement de Paris.

De Fraguier, colonel de la sixième légion de la garde nationale.

François Labbé, propriétaire, ancien négociant, rue des Petits-Champs.

Laisné, notaire, colonel de la huitième légion de la garde nationale.

Huteau d'Origny, avocat, maire du cinquième arrondissement de Paris.

De l'Imprimerie de C.-F. PATRIS, rue de la Colombe, n° 4, quai de la Cité.